The Stars Above Coldwater And Other Bilingual Dutch-English Stories for Dutch Language Learners

Pomme Bilingual

Published by Pomme Bilingual, 2024.

While every precaution has been taken in the preparation of this book, the publisher assumes no responsibility for errors or omissions, or for damages resulting from the use of the information contained herein.

THE STARS ABOVE COLDWATER AND OTHER BILINGUAL DUTCH-ENGLISH STORIES FOR DUTCH LANGUAGE LEARNERS

First edition. August 13, 2024.

Copyright © 2024 Pomme Bilingual.

ISBN: 979-8227825698

Written by Pomme Bilingual.

Table of Contents

De Verloren Schoenmaker

Het dorp lag stil in de vroege ochtend, de mist hing als een sluier over de huizen en straten. Johannes, de oude schoenmaker, was al vroeg opgestaan. Zijn handen waren rimpelig en zijn rug krom, maar zijn geest was scherp en zijn wil was vastbesloten. Hij was de laatste van zijn soort, een ambachtsman die zijn vak met toewijding en precisie uitvoerde.

Elke dag opende hij zijn winkel om zeven uur, nog voordat de zon opkwam. Het was een klein, eenvoudig pand, met houten balken en een afbladderende verflaag. De geur van leer en schoenpoets vulde de ruimte. Johannes werkte in stilte, zijn gereedschap was altijd op orde en zijn werkplek was onberispelijk. Hij had geen personeel, geen familie en geen vrienden. Zijn leven was één met zijn werk.

Vandaag zou echter anders zijn. Terwijl Johannes zijn ochtendroutine uitvoerde, merkte hij iets vreemds op. Zijn favoriete hamer, een houten stuk met een leren grip, was verdwenen. Hij herinnerde zich dat hij het gisteravond op de werkbank had gelegd, maar nu was het nergens te bekennen. Johannes keek om zich heen, zijn oude ogen keken door de mist van de ochtend. Er was niets aan de hand; alles leek zoals het altijd was.

De dag vorderde, en Johannes werkte met andere gereedschappen, maar zijn gedachten bleven bij de hamer. De klant die zijn schoenen bracht, een jonge man in een versleten jas, merkte de afwezigheid op. "Meneer Johannes," zei hij met een bezorgde blik, "mist er iets?"

Johannes knikte. "Mijn hamer is weg," antwoordde hij. "Het is niet zomaar een hamer; het is mijn beste vriend."

De jonge man keek rond in de winkel en zei: "Misschien is hij gewoon ergens onder iets gevallen. Of misschien heeft iemand hem per ongeluk meegenomen."

Johannes schudde zijn hoofd. "Nee," zei hij. "Ik ben alleen hier. Iemand moet het hebben genomen."

De jongen vertelde Johannes dat hij hem misschien kon helpen zoeken, maar Johannes weigerde beleefd. Hij wilde niet dat iemand anders zich zorgen maakte over iets wat hij zelf moest oplossen. Hij ging verder met zijn werk, maar de hamer was als een schaduw die over zijn gedachten hing.

Toen de dag ten einde liep en de avond viel, besloot Johannes een wandeling te maken. Misschien, dacht hij, zou de frisse lucht zijn gedachten verhelderen. Hij liep door de straten van het dorp, die nu leeg waren en stil. Het enige geluid was het zachte geritsel van bladeren in de wind.

Na een tijdje kwam Johannes bij het huis van de dorpssmid. Het was een eenvoudig gebouw, maar de smid was bekend om zijn nieuwsgierigheid en zijn liefde voor gereedschap. Johannes klopte op de deur en wachtte. Na een paar minuten werd de deur opengetrokken door de smid zelf.

"Johannes, wat brengt je hier?" vroeg de smid met een vriendelijke glimlach.

"Mijn hamer is verdwenen," zei Johannes. "Ik dacht dat je misschien iets wist."

De smid keek bezorgd en zei: "Ik heb niets gezien, Johannes. Maar ik kan wel een kijkje nemen in mijn werkplaats als je dat wilt."

Johannes volgde de smid naar binnen en zag de vele gereedschappen die overal verspreid lagen. Het was een rommeltje, maar de smid werkte er elke dag en kende zijn spullen goed. Na een grondige zoektocht vond de smid niets dat leek op Johannes' verloren hamer.

"Het spijt me, Johannes," zei de smid. "Ik kan je niet helpen. Maar als je iets nodig hebt, laat het me weten."

Dankbaar voor de hulp en het aanbod, bedankte Johannes de smid en vertrok weer. De nacht was nu gevallen, en de sterren verschenen aan de hemel. Terwijl hij door het dorp liep, kwam Johannes langs het oude kerkhof aan de rand van het dorp. Hij had nooit veel tijd doorgebracht op het kerkhof, maar vandaag voelde het als een geschikte plek om na te denken.

Op het kerkhof zag Johannes een jongeman zitten op een grafsteen. De jongen keek op toen hij Johannes naderde. Het was de jongen van de ochtend, de klant met de versleten jas.

"Waarom ben je hier?" vroeg Johannes.

De jongen antwoordde langzaam: "Ik dacht dat ik iets verloren had. Maar nu weet ik dat het niet om de spullen gaat."

Johannes knikte. "Dat weet ik," zei hij. "Maar het lijkt alsof ik iets belangrijks mis."

De jongen keek hem recht aan. "Misschien is het geen fysieke hamer die je mist. Misschien mis je gewoon iets wat je voor altijd met je hebt meegedragen."

Johannes begreep niet helemaal wat de jongen bedoelde, maar de woorden hadden iets in hem geraakt. Hij keerde terug naar zijn winkel, waar hij een paar uur zat na te denken. De rust van de nacht en de gesprekken hadden zijn geest verlicht.

De volgende ochtend vond Johannes de hamer terug op de werkbank, precies waar hij hem de vorige avond had achtergelaten. Het was als een teken, misschien van de jongen, misschien van iets anders. Maar Johannes voelde zich opgelucht en vernieuwd. Hij begreep dat de hamer slechts een symbool was van iets dat veel dieper ging.

En zo ging Johannes door met zijn werk, met een nieuw begrip van wat werkelijk belangrijk was. De hamer was weer op zijn plaats, maar de les die hij had geleerd, was veel waardevoller. In het dorp bleven mensen zijn werk bewonderen, en hoewel Johannes nooit veel sprak over de verloren hamer, droeg hij altijd de wijsheid met zich mee die hij had gevonden op een mistige ochtend en een rustige nacht op het kerkhof.

The Lost Cobbler

The village lay still in the early morning; the mist draped like a veil over the houses and streets. Johannes, the old cobbler, had risen early. His hands were wrinkled and his back was bent, but his mind was sharp and his will was resolute. He was the last of his kind, a craftsman who performed his trade with dedication and precision.

Every day he opened his shop at seven, even before the sun had risen. It was a small, simple place, with wooden beams and peeling paint. The scent of leather and shoe polish filled the space. Johannes worked in silence, his tools always in order and his workspace immaculate. He had no staff, no family, and no friends. His life was one with his work.

Today, however, would be different. As Johannes carried out his morning routine, he noticed something strange. His favorite hammer, a wooden piece with a leather grip, was missing. He remembered having left it on the workbench last night, but now it was nowhere to be found. Johannes looked around, his old eyes peering through the morning mist. Everything seemed as it always was.

The day progressed, and Johannes worked with other tools, but his thoughts remained on the hammer. The customer who brought his shoes, a young man in a worn coat, noticed the absence. "Mr. Johannes," he said with a concerned look, "is something missing?"

Johannes nodded. "My hammer is gone," he replied. "It's not just any hammer; it's my best friend."

The young man looked around the shop and said, "Perhaps it just fell under something. Or maybe someone took it by mistake."

Johannes shook his head. "No," he said. "I am alone here. Someone must have taken it."

The young man offered to help search, but Johannes politely refused. He didn't want anyone else to worry about something he should solve himself. He continued his work, but the hammer was like a shadow over his thoughts.

As the day came to an end and evening fell, Johannes decided to take a walk. Perhaps, he thought, the fresh air would clear his mind. He walked through the village streets, now empty and silent. The only sound was the soft rustling of leaves in the wind.

After a while, Johannes arrived at the blacksmith's house. It was a simple building, but the blacksmith was known for his curiosity and love for tools. Johannes knocked on the door and waited. After a few minutes, the door was opened by the blacksmith himself.

"Johannes, what brings you here?" asked the blacksmith with a friendly smile.

"My hammer is missing," said Johannes. "I thought you might know something."

The blacksmith looked concerned and said, "I haven't seen anything, Johannes. But I can take a look in my workshop if you'd like."

Johannes followed the blacksmith inside and saw the many tools scattered around. It was a mess, but the blacksmith worked there every day and knew his things well. After a thorough search, the blacksmith found nothing resembling Johannes' lost hammer.

"I'm sorry, Johannes," said the blacksmith. "I can't help you. But if you need anything, let me know."

Grateful for the help and the offer, Johannes thanked the blacksmith and left. The night had now fallen, and the stars appeared in the sky. As he walked through the village, Johannes passed by the old cemetery at the edge of the village. He had never spent much time at the cemetery, but today it seemed like a suitable place to think.

At the cemetery, Johannes saw a young man sitting on a gravestone. The boy looked up as Johannes approached. It was the young man from the morning, the customer with the worn coat.

"Why are you here?" asked Johannes.

The boy answered slowly, "I thought I had lost something. But now I know it's not about the things."

Johannes nodded. "I know," he said. "But it feels like I'm missing something important."

The boy looked him straight in the eye. "Maybe it's not a physical hammer you're missing. Maybe you're just missing something you've carried with you forever."

Johannes didn't fully understand what the boy meant, but the words had touched something in him. He returned to his shop, where he sat for a few hours thinking. The calm of the night and the conversations had lightened his mind.

The next morning, Johannes found the hammer back on the workbench, exactly where he had left it the previous night. It was like a sign, perhaps from the boy, perhaps from something else. But Johannes felt relieved and renewed. He understood that the hammer was just a symbol of something much deeper.

And so Johannes continued his work, with a new understanding of what was truly important. The hammer was back in its place, but the lesson he had learned was far more valuable. In the village, people continued to admire his work, and although Johannes never spoke much about the lost hammer, he always carried with him the wisdom he had found on a misty morning and a quiet night at the cemetery.

De Wind van Verandering

In een afgelegen dorpje aan de kust leefde een man genaamd Anton. Het dorp was klein, met niet meer dan vijftig huizen en een paar straten die zich tussen de rotsen en het zand kronkelden. Het leek alsof de tijd hier was blijven staan; de dagen waren lang en de nachten vol sterren. Anton was de enige visser in het dorp en zijn dagen werden doorgebracht op de zee, waar hij zijn netten uitwierp en hoopte op een goede vangst.

Elke ochtend vroeg, wanneer de lucht nog koel en de horizon nog donker was, ging Anton naar de haven. Hij werkte alleen, zijn houten boot verankerd aan een oude paal die met de jaren door de elementen was aangetast. De zee was zijn levensader; hij kende haar diepten en stromingen als geen ander. Zijn leven was een ritme van eb en vloed, van werken en rusten, van geluk en teleurstelling.

De mensen in het dorp bewonderden Anton om zijn doorzettingsvermogen, maar ze kenden hem niet goed. Hij sprak weinig en bracht zijn vrije tijd door met het herstellen van zijn netten of het onderhouden van zijn boot. Voor hem was er geen behoefte aan vrienden of gezelschap. Zijn leven was eenvoudig, maar het was het zijne.

Op een dag, toen de herfst zijn intrede deed met de eerste koude winden, gebeurde er iets ongewoons. Terwijl Anton zijn netten uit het water trok, merkte hij een vreemde kleur op in het water. Het was geen gewone vis, maar een helderblauwe steen die op de zeebodem glinsterde. Anton haalde de steen naar boven en keek er met nieuwsgierigheid naar. Het was een grote steen, zo groot als een hand, en het had een ongebruikelijke helderheid. Hij voelde een vreemde aantrekkingskracht en besloot de steen mee naar huis te nemen.

Thuis, in zijn eenvoudige huisje met een houten vloer en een kleine open haard, legde Anton de steen op de keukentafel. Het licht van de olie-lamp viel erop en maakte de steen nog helderder. Anton dacht na over wat het zou kunnen zijn. Was het een schat? Of een verloren voorwerp van iemand anders? Hij besloot er verder over na te denken tijdens zijn avondmaaltijd, maar de gedachte aan de steen bleef in zijn hoofd hangen.

De volgende dag, toen Anton zijn netten opnieuw uitwierp, viel het op dat de vissen minder waren dan normaal. De zee leek niet zo vriendelijk als gewoonlijk. Anton merkte ook dat de andere vissers op de haven wat nerveus waren, hun gezichten gespannen. Er was iets veranderd in de lucht, iets dat Anton niet kon uitleggen. De steen bleef in zijn gedachten en zijn gedachten waren zwaar.

Na een paar dagen besloot Anton om met de steen naar de oude wijze van het dorp te gaan. Deze man, genaamd Meester Jan, was een voormalig zeeman die veel had gereisd en die bekend stond om zijn kennis van oude legendes en geheimen van de zee. Anton hoopte dat Meester Jan iets kon zeggen over de mysterieuze steen.

Meester Jan woonde aan de rand van het dorp, in een huis dat vol stond met curiosa en zeewatervissen. De muren waren bedekt met kaarten en sterrenhemelbeelden. Anton klopte op de deur en werd door Meester Jan binnengelaten.

"Wat heb je daar?" vroeg Meester Jan terwijl hij de steen inspecteerde. Zijn ogen waren scherp, maar zijn gezicht was zacht en vriendelijk.

"Dit vond ik op de zeebodem," zei Anton. "Ik weet niet wat het is."

Meester Jan nam de steen in zijn handen en bekeek deze van alle kanten. "Dit is geen gewone steen," zei hij uiteindelijk. "Dit is een zeldzame edelsteen die bekend staat als de 'Zeewelvaart'. Het is gezegd dat deze steen de kracht heeft om veranderingen te brengen in het leven van degene die hem vindt."

Anton keek verbaasd. "Wat voor veranderingen?" vroeg hij.

Meester Jan schudde zijn hoofd. "Het is moeilijk te zeggen. Volgens de oude verhalen kan de steen zowel goede als slechte veranderingen brengen. Het hangt af van hoe je ermee omgaat en wat je verlangens zijn."

Anton dacht na over de woorden van Meester Jan. Hij had geen verlangen naar rijkdom of macht, maar hij had altijd gedroomd van een leven zonder zorgen en pijn. Hij vroeg zich af of deze steen dat voor hem kon betekenen.

De dagen verstreken en Anton merkte dat zijn leven veranderde. De zee, die altijd zo voorspelbaar was, leek nu onvoorspelbaar. Er waren stormen die uit het niets opkwamen en de vissen bleven uit. De andere dorpelingen begonnen te fluisteren over Anton en zijn steen. Sommigen zeiden dat hij een vloek had opgeroepen, anderen geloofden dat de steen de oorzaak was van de onrust.

Op een avond, tijdens een zware storm, stond Anton buiten en keek naar de woeste zee. De wind was krachtig en de golven sloegen tegen de rotsen. Anton voelde een diep gevoel van onbehagen. De steen leek nog steeds in zijn huis te liggen, onaangeroerd, maar de verandering die hij had gebracht was onmiskenbaar.

In het midden van de storm hoorde Anton een vreemde stem in de wind. Het was een oude stem, vol verdriet en spijt. Het leek alsof de stem sprak over verloren liefde en verloren kansen. Anton kon niet precies begrijpen wat er werd gezegd, maar hij voelde een diep verdriet dat hem opvulde. Het was alsof de zee zelf hem een boodschap probeerde over te brengen.

De storm duurde de hele nacht en de volgende ochtend vond Anton de schade aan zijn huis en de haven. De storm had verwoest wat jaren van hard werken hadden opgebouwd. De vissersboten waren beschadigd, de netten waren gescheurd en de haven was overstroomd. Anton voelde een gevoel van wanhoop en verdriet, maar hij had geen tijd om te treuren. Hij moest de schade herstellen en zijn leven weer opbouwen.

In de weken die volgden, werkte Anton hard om zijn huis en zijn boot te repareren. Hij deed alles alleen, zonder hulp van de dorpelingen. Hij begreep dat hij niet kon rekenen op anderen om zijn problemen op te lossen. De steen lag nog steeds op de keukentafel, maar Anton had zijn aandacht verlegd naar de praktische zaken van het leven.

De dorpsbewoners begonnen weer normaler te doen, hoewel sommigen nog steeds fluisterden over de steen en de storm. Anton sprak er nooit meer over en liet de steen gewoon liggen, zonder zich meer bezig te houden met de legenden of de verhalen die ermee verbonden waren.

Een jaar later, toen de lente terugkwam en de zee kalm was, keek Anton terug op de afgelopen tijd. Hij had veel verloren en veel geleerd. Zijn leven was veranderd op manieren die hij niet had verwacht, maar hij had zijn weg gevonden door het harde werk en doorzettingsvermogen.

Op een dag, toen de zon opkwam over de horizon en de zee glinsterde in het ochtendlicht, pakte Anton de steen op en liep naar de kust. Hij gooide de steen in de zee, als een afscheid van het verleden en als een manier om verder te gaan. De steen verdween in de golven, en Anton voelde een gevoel van opluchting en bevrijding.

De zee bleef zijn metgezel, maar nu met een nieuw begrip. Anton wist dat hij nooit precies zou weten wat de steen had betekend, maar hij begreep dat de echte verandering niet in de steen zat, maar in zichzelf. De wind van verandering had zijn leven beïnvloed, maar het was aan hem geweest om de koers van zijn leven te bepalen.

En zo leefde Anton verder, met de kennis dat verandering een deel is van het leven, maar dat de ware kracht om je eigen pad te kiezen altijd in jezelf ligt.

13

The Wind of Change

In a remote coastal village lived a man named Anton. The village was small, with no more than fifty houses and a few streets winding between the rocks and the sand. It seemed as if time had stood still here; the days were long and the nights full of stars. Anton was the only fisherman in the village, and his days were spent at sea, casting his nets and hoping for a good catch.

Every morning, when the air was still cool and the horizon was dark, Anton would go to the harbor. He worked alone, his wooden boat anchored to an old post weathered by the elements. The sea was his lifeline; he knew its depths and currents better than anyone. His life was a rhythm of ebb and flow, of working and resting, of joy and disappointment.

The people in the village admired Anton for his perseverance, but they didn't know him well. He spoke little and spent his free time repairing his nets or maintaining his boat. To him, there was no need for friends or companionship. His life was simple, but it was his.

One day, as autumn made its entrance with the first cold winds, something unusual happened. While Anton was pulling his nets from the water, he noticed a strange color in the sea. It wasn't an ordinary fish but a bright blue stone glittering on the seabed. Anton retrieved the stone and looked at it with curiosity. It was a large stone, about the size of a hand, and it had an unusual brilliance. He felt an odd attraction and decided to take the stone home.

At home, in his simple cottage with a wooden floor and a small fireplace, Anton placed the stone on the kitchen table. The light from the oil lamp fell upon it, making the stone even more luminous. Anton wondered what it could be. Was it a treasure? Or a lost object of someone else? He decided to think about it during his evening meal, but the thought of the stone lingered in his mind.

The next day, as Anton cast his nets again, he noticed that the fish were fewer than usual. The sea seemed less friendly than usual. Anton also noticed that the other fishermen at the harbor looked nervous, their faces tense. Something had changed in the air, something Anton couldn't explain. The stone remained in his thoughts, and his thoughts were heavy.

After a few days, Anton decided to take the stone to the village's old sage. This man, named Master Jan, was a former sailor who had traveled extensively and was known for his knowledge of old legends and sea secrets. Anton hoped Master Jan could tell him something about the mysterious stone.

Master Jan lived on the edge of the village, in a house filled with curios and sea creatures. The walls were covered with maps and star charts. Anton knocked on the door and was let in by Master Jan.

"What have you got there?" asked Master Jan as he examined the stone. His eyes were sharp, but his face was gentle and kind.

"I found this on the seabed," said Anton. "I don't know what it is."

Master Jan took the stone in his hands and looked at it from all angles. "This is no ordinary stone," he said eventually. "This is a rare gem known as the 'Sea Voyage'. It is said that this stone has the power to bring changes to the life of the one who finds it."

Anton was surprised. "What kind of changes?" he asked.

Master Jan shook his head. "It is hard to say. According to the old stories, the stone can bring both good and bad changes. It depends on how you handle it and what your desires are."

Anton thought about Master Jan's words. He had no desire for wealth or power, but he had always dreamed of a life without worries and pain. He wondered if this stone could mean that for him.

Days passed and Anton noticed that his life was changing. The sea, which had always been so predictable, now seemed unpredictable. Storms arose out of nowhere and the fish remained scarce. The other villagers began to whisper about Anton and his stone. Some said he had brought a curse upon himself, others believed the stone was the cause of the unrest.

One evening, during a heavy storm, Anton stood outside and looked at the raging sea. The wind was fierce and the waves crashed against the rocks. Anton felt a deep sense of unease. The stone still lay in his house, untouched, but the change it had brought was unmistakable.

In the midst of the storm, Anton heard a strange voice in the wind. It was an old voice, full of sorrow and regret. It seemed as if the voice spoke of lost love and missed opportunities. Anton couldn't fully understand what was being said, but he felt a profound sadness that overwhelmed him. It was as if the sea itself was trying to convey a message to him.

The storm lasted through the night, and the next morning Anton found the damage to his house and the harbor. The storm had destroyed what years of hard work had built. The fishing boats were damaged, the nets were torn, and the harbor was flooded. Anton felt a sense of despair and grief, but there was no time to mourn. He needed to repair the damage and rebuild his life.

In the following weeks, Anton worked hard to repair his house and his boat. He did everything alone, without help from the villagers. He understood that he could not rely on others to solve his problems. The stone still lay on the kitchen table, but Anton had shifted his focus to the practical matters of life.

The villagers began to return to normal, although some still whispered about the stone and the storm. Anton never spoke of it again and left the stone alone, no longer concerned with the legends or stories connected to it.

A year later, when spring returned and the sea was calm, Anton looked back on the past time. He had lost much and learned much. His life had changed in ways he hadn't expected, but he had found his way through hard work and perseverance.

One day, as the sun rose over the horizon and the sea glittered in the morning light, Anton took the stone and walked to the shore. He threw the stone into the sea, as a farewell to the past and as a way to move on. The stone vanished into the waves, and Anton felt a sense of relief and liberation.

The sea remained his companion, but now with a new understanding. Anton knew he would never know exactly what the stone had meant, but he understood that the real change was not in the stone, but in himself. The wind of change had influenced his life, but it was up to him to determine the course of his own path.

And so Anton lived on, knowing that change is a part of life, but that the true power to choose your own path always lies within yourself.

Het Onbekende Pad

In de schaduw van de bergen, aan de rand van een klein bergdorp, woonde een man genaamd Hendrik. Zijn huis was een eenvoudige schuur, gemaakt van onafgewerkte planken en met een dak van riet. Het was geen bijzonder huis, maar het was zijn huis, en dat was genoeg. Hendrik was een oude man, met rimpels die verhalen vertelden van hard werk en lange wandelingen. Zijn handen waren stevig, maar ze waren ook getekend door het leven. Hendrik werkte als herder en bracht zijn dagen door met zijn schapen op de weiden rond het dorp.

Elke ochtend vertrok hij bij het krieken van de dag, de lucht nog koel en de aarde bedekt met een dunne laag mist. Hendrik kende elke steen en elk pad in de bergen. Hij wist waar het gras het groenst was en waar de waterbronnen het zuiverst waren. Zijn leven was een patroon van routine: opstaan, werken, eten, slapen. Er was geen ruimte voor verrassingen, geen ruimte voor avontuur. Hendrik was tevreden met de eenvoud van zijn bestaan.

Op een dag, tijdens een van zijn gebruikelijke wandelingen, ontdekte Hendrik iets ongewoons. Terwijl hij zijn schapen naar een nieuwe weide leidde, zag hij een smal pad dat hij nog nooit eerder had opgemerkt. Het pad was omgeven door dichte bossen en leek te leiden naar een deel van de bergen dat Hendrik niet goed kende. Het was smal en bedekt met bladeren, als een geheim dat wachtte om ontdekt te worden.

Hendrik stond even stil en overwoog om het pad te volgen, maar zijn routine weerhield hem. Zijn schapen waren zijn verantwoordelijkheid en hij kon niet zomaar afwijken van zijn dagelijkse taak. Toch kon hij het onbekende pad niet uit zijn gedachten zetten. Het leek alsof het hem riep, alsof het een stukje van zijn leven was dat hij nog niet had verkend.

De volgende dag, toen de mist weer over de bergen hing, besloot Hendrik om een stukje van het pad te verkennen. Hij liet zijn schapen achter in de weide en volgde de smalle route die door het bos slingert. De bomen waren dicht en de lucht was koel en vochtig. Het pad was moeilijk te volgen, maar Hendrik was vastberaden.

Het duurde niet lang voordat het pad hem naar een open plek bracht. Hier, midden in het bos, stond een oude stenen boerderij. De boerderij was vervallen en bedekt met mos, maar het was duidelijk dat het ooit een leefruimte had geweest. Hendrik stond even stil en keek om zich heen. Er was iets vreemds aan de plek, iets dat hem zowel nieuwsgierig als bezorgd maakte.

Hendrik besloot om het terrein te verkennen. Hij vond een oude houten deur die gedeeltelijk was ingestort en stapte voorzichtig naar binnen. Het interieur was donker en vol stof, maar er waren enkele oude meubels en voorwerpen die het verleden verklapten. Terwijl hij rondkeek, vond Hendrik een oud dagboek dat op een tafel lag. Het was bedekt met een dunne laag stof en de bladzijden waren vergeeld. Hendrik opende het dagboek en begon te lezen.

De schrijver van het dagboek was een jonge vrouw genaamd Elise, die blijkbaar in de boerderij had gewoond. De eerste paar pagina's waren gevuld met gewone notities over het dagelijks leven en de veranderingen in het weer. Maar naarmate Hendrik verder las, ontdekte hij dat Elise op een gegeven moment bezorgd was over vreemde geluiden in de nacht en onverklaarbare verschijnselen in de boerderij. Haar schrijfstijl werd steeds somberder en de laatste pagina's waren niet volledig leesbaar. Het leek alsof Elise op een gegeven moment volledig verward was over wat er om haar heen gebeurde.

Hendrik sloot het dagboek en legde het terug op de tafel. Hij voelde een vreemd gevoel van ongemak. Wat had er zich hier afgespeeld? Waarom was de boerderij verlaten en waarom had Elise zo'n somber verhaal geschreven? Hendrik besloot dat het tijd was om terug te keren naar zijn schapen. Hij maakte zich zorgen over hoe ze zonder hem zouden zijn.

De volgende dagen konden Hendrik de boerderij en het dagboek niet uit zijn gedachten zetten. Hij voelde een onrust die hij niet kon verklaren. Het leek alsof de onbekende plek hem op een bepaalde manier had aangeraakt. Hoewel hij probeerde zich te concentreren op zijn werk, bleef het gevoel van onrust hem achtervolgen.

Op een avond, toen de sterren helder aan de hemel stonden en de lucht koel was, besloot Hendrik terug te gaan naar de boerderij. Hij nam een paar voorwerpen mee, zoals een lamp en wat voedsel, en volgde het pad opnieuw. Het was een heldere nacht en het licht van de maan viel door de bomen, waardoor het pad zichtbaar was.

Toen Hendrik de boerderij weer bereikte, voelde hij een verandering in de lucht. Er was iets anders, iets wat hij niet kon plaatsen. Hij ging naar binnen en begon de ruimte opnieuw te verkennen. De oude meubels en het stoffige interieur leken onveranderd, maar er was iets dat de sfeer anders maakte. Hendrik voelde een lichte koelte die hem door de ruggengraat trok.

Plotseling hoorde Hendrik een zacht geluid achter zich. Hij draaide zich om, maar er was niemand te zien. Het geluid leek uit de hoek van de kamer te komen, waar een oude kast stond. Hendrik liep voorzichtig naar de kast en opende de deur. Binnenin vond hij een verborgen lade, waar een oude sleutel in lag. De sleutel leek op een oude kast- of deur-sleutel en had een vreemde glans.

Met de sleutel in zijn hand begon Hendrik het huis verder te verkennen. Hij vond een oude deur die verstopt was achter een stapel oude kisten. De deur was bedekt met een dunne laag stof en was moeilijk te openen, maar Hendrik slaagde erin om deze met veel moeite te openen. Achter de deur bevond zich een trap die leidde naar een kelder.

De kelder was donker en vochtig, maar Hendrik zag een zwak licht dat uit een hoek scheen. Hij liep naar de bron van het licht en ontdekte een oude kist die op een houten standaard stond. Hendrik opende de kist en vond binnenin een verzameling oude documenten, foto's en brieven. Het was duidelijk dat deze kist een belangrijk deel van Elise's leven bevatte.

Hendrik begon de documenten door te bladeren en ontdekte dat ze allemaal gingen over Elise's leven en haar familie. Er waren brieven van haar geliefde en documenten die wijzen op een zware tijd in haar leven. Een van de brieven was bijzonder emotioneel en beschreef een periode van verdriet en verlies. Het leek alsof Elise worstelde met een groot persoonlijk drama.

Hendrik voelde een diep medelijden voor Elise. Haar verdriet was nu tastbaar voor hem, en het was duidelijk dat de boerderij niet alleen een fysieke plaats was, maar ook een plek van emotionele lading. De kist en de documenten gaven een nieuw licht op de geschiedenis van de boerderij en op de vrouw die daar had geleefd.

Met het begin van de ochtend besloot Hendrik de documenten en brieven terug te plaatsen in de kist. Hij sloot de kist en deed de deur weer op slot. Terwijl hij naar buiten liep, voelde hij een gevoel van afronding. De mysteries van de boerderij en Elise's verleden waren deels ontrafeld, maar Hendrik begreep dat hij de antwoorden niet volledig zou krijgen.

De volgende dag keerden Hendrik en zijn schapen terug naar de normale routine. Hij vertelde niemand over zijn ontdekking, omdat hij begreep dat sommige geheimen beter ongeopenbaard bleven. De boerderij bleef een mysterieuze plaats, maar Hendrik had geleerd dat het ontdekken van het onbekende niet altijd antwoorden oplevert, maar vaak inzichten biedt.

De seizoenen veranderden, en Hendrik's leven ging door. Hij bleef zijn dagen doorbrengen met zijn schapen, zijn wandelingen en zijn routines.

Het onbekende pad dat hij had ontdekt, was nu een deel van zijn verleden, maar het had hem op een manier veranderd. Het had hem herinnerd aan de diepten van de menselijke ervaring en aan de verhalen die verborgen liggen in de schaduw van de bergen.

Op een dag, jaren later, terwijl Hendrik naar de horizon keek en de zon onderging achter de bergen, begreep hij dat de waarde van zijn ontdekkingen niet lag in de antwoorden die hij had gevonden, maar in de reis die hij had gemaakt. Het onbekende pad had hem naar een dieper begrip van het leven geleid en hem herinnerd aan de kracht van nieuwsgierigheid en de moed om het onbekende te verkennen.

The Unknown Path

In the shadow of the mountains, on the edge of a small mountain village, lived a man named Hendrik. His house was a simple barn, made of unfinished planks and with a thatched roof. It was no special house, but it was his, and that was enough. Hendrik was an old man, with wrinkles that told stories of hard work and long walks. His hands were strong, but they were also marked by life. Hendrik worked as a shepherd and spent his days with his sheep on the pastures around the village.

Every morning, he set out at dawn, the air still cool and the ground covered with a thin layer of mist. Hendrik knew every stone and path in the mountains. He knew where the grass was greenest and where the springs were purest. His life was a pattern of routine: waking up, working, eating, sleeping. There was no room for surprises, no room for adventure. Hendrik was content with the simplicity of his existence.

One day, during one of his usual walks, Hendrik discovered something unusual. While leading his sheep to a new pasture, he noticed a narrow path that he had never seen before. The path was surrounded by dense forest and seemed to lead to a part of the mountains that Hendrik did not know well. It was narrow and covered with leaves, like a secret waiting to be discovered.

Hendrik paused for a moment and considered following the path, but his routine held him back. His sheep were his responsibility, and he couldn't simply deviate from his daily task. Yet, the unknown path lingered in his thoughts. It seemed to call to him, as if it were a piece of his life that he had yet to explore.

The next day, when the mist once again hung over the mountains, Hendrik decided to explore a bit of the path. He left his sheep behind in the pasture and followed the narrow route winding through the forest. The trees were dense, and the air was cool and damp. The path was difficult to follow, but Hendrik was determined.

It wasn't long before the path led him to a clearing. Here, in the middle of the forest, stood an old stone farmhouse. The farmhouse was dilapidated and covered with moss, but it was clear that it had once been a place of residence. Hendrik stood still for a moment and looked around. There was something strange about the place, something that made him both curious and uneasy.

Hendrik decided to explore the site. He found an old wooden door that was partially collapsed and stepped inside carefully. The interior was dark and dusty, but there were some old furniture and objects that hinted at the past. As he looked around, Hendrik found an old diary lying on a table. It was covered with a thin layer of dust and the pages were yellowed. Hendrik opened the diary and began to read.

The writer of the diary was a young woman named Elise, who had apparently lived in the farmhouse. The first few pages were filled with ordinary notes about daily life and changes in the weather. But as Hendrik read further, he discovered that Elise had become worried about strange noises at night and unexplained phenomena in the farmhouse. Her writing style grew increasingly somber, and the last pages were not entirely legible. It seemed that at some point, Elise had been completely bewildered by what was happening around her.

Hendrik closed the diary and placed it back on the table. He felt a strange sense of discomfort. What had happened here? Why was the farmhouse abandoned, and why had Elise written such a gloomy story? Hendrik decided it was time to return to his sheep. He was concerned about how they would fare without him.

In the following days, Hendrik couldn't shake off the farmhouse and the diary from his thoughts. He felt a restlessness he couldn't explain. It seemed as though the unknown place had touched him in some way. Although he tried to focus on his work, the feeling of unease followed him.

One evening, when the stars were bright in the sky and the air was cool, Hendrik decided to return to the farmhouse. He brought along a few supplies, such as a lantern and some food, and followed the path once more. It was a clear night, and the moonlight shone through the trees, making the path visible.

When Hendrik reached the farmhouse again, he sensed a change in the air. Something was different, something he couldn't place. He went inside and began exploring the space once more. The old furniture and dusty interior seemed unchanged, but there was something that made the atmosphere different. Hendrik felt a slight chill that ran down his spine.

Suddenly, Hendrik heard a soft sound behind him. He turned around, but there was no one to be seen. The sound seemed to come from the corner of the room, where an old cupboard stood. Hendrik walked cautiously to the cupboard and opened the door. Inside, he found a hidden drawer with an old key in it. The key looked like an old chest or door key and had a strange shine.

With the key in hand, Hendrik continued to explore the house. He found an old door hidden behind a stack of old crates. The door was covered with a thin layer of dust and was difficult to open, but Hendrik managed to pry it open with effort. Behind the door was a staircase leading to a cellar.

The cellar was dark and damp, but Hendrik saw a faint light coming from a corner. He walked towards the source of the light and discovered an old chest sitting on a wooden stand. Hendrik opened the chest and found a collection of old documents, photographs, and letters. It was clear that this chest contained an important part of Elise's life.

Hendrik began to sift through the documents and discovered that they all pertained to Elise's life and her family. There were letters from her beloved and documents indicating a difficult period in her life. One of the letters was particularly emotional and described a time of sorrow and loss. It seemed that Elise had been struggling with a significant personal drama.

Hendrik felt a deep sympathy for Elise. Her sadness was now tangible to him, and it was clear that the farmhouse was not just a physical place but also a site of emotional weight. The chest and the documents shed new light on the history of the farmhouse and the woman who had lived there.

As dawn approached, Hendrik decided to return the documents and letters to the chest. He closed the chest and locked the door again. As he walked out, he felt a sense of closure. The mysteries of the farmhouse and Elise's past were partially unraveled, but Hendrik understood that he would not fully uncover all the answers.

The next day, Hendrik and his sheep returned to their normal routine. He told no one about his discovery, understanding that some secrets were better left undisclosed. The farmhouse remained a mysterious place, but Hendrik had learned that discovering the unknown doesn't always provide answers, but often offers insights.

Seasons changed, and Hendrik's life continued. He remained with his sheep, his walks, and his routines. The unknown path he had discovered was now a part of his past, but it had changed him in some way. It had reminded him of the depths of human experience and the stories hidden in the shadows of the mountains.

One day, years later, as Hendrik looked out at the horizon and the sun set behind the mountains, he realized that the value of his discoveries lay not in the answers he had found, but in the journey he had taken. The unknown path had led him to a deeper understanding of life and reminded him of the power of curiosity and the courage to explore the unknown.

De Sterren boven Koudwater

In het rustige dorp Koudwater, genesteld tussen dichte bossen en glooiende heuvels, leefde een man genaamd Maarten. Maarten was een eenvoudige man, een klusjesman met handen die getuigen van vele jaren van arbeid. Zijn gezicht droeg de sporen van de tijd, maar zijn ogen waren helder en scherp. Hij woonde alleen in een klein huisje aan de rand van het dorp, met een tuin vol verwilderde bloemen en een oude houten schuur waar hij zijn gereedschap bewaarde.

Het leven in Koudwater verliep in een rustige cadans. De seizoenen kwamen en gingen zonder veel opschudding. Maarten werkte hard en zorgde voor de basisbehoeften van zijn bestaan. Hij was bekend in het dorp om zijn betrouwbaar werk en zijn stille aard. Hij sprak weinig, maar zijn daden spraken boekdelen. De dorpelingen hadden hem leren waarderen, maar hij had geen nauwe vrienden. Zijn leven was een routine van opstaan, werken en slapen.

Op een avond, toen de lucht helder was en de sterren fonkelden boven Koudwater, kwam Maarten terug van een dag hard werken. Hij had de houten veranda van het dorpshuis gerepareerd en was tevreden met zijn werk. Terwijl hij de laatste zonnestralen zag verdwijnen, nam hij een moment om naar de sterren te kijken. De lucht was diepblauw en de sterren leken dichterbij dan ooit. Maarten had altijd van de sterren gehouden, hoewel hij weinig wist over hun namen of verhalen.

De volgende dag ontmoette Maarten een vreemdeling in het dorp. De man was gekleed in een versleten regenjas en droeg een grote hoed die zijn gezicht gedeeltelijk verborgen hield. Hij vroeg Maarten of hij hem kon helpen met een klus. De vreemdeling had een diep gewonde arm en leek de weg kwijt te zijn. Maarten, hoewel argwanend, stemde in om te helpen. Het was niet gebruikelijk voor hem om vreemden in zijn huis toe te laten, maar iets in de man's ogen maakte dat hij zich verplicht voelde om te helpen.

De vreemdeling stelde zich voor als Joris en vertelde dat hij een oude vriend had die in een verlaten huis in het bos woonde. Joris was op zoek naar zijn vriend, maar was tijdens zijn reis verwond geraakt. Hij vroeg Maarten of hij hem naar het huis van zijn vriend wilde brengen. Maarten, die gewend was om de dorpsgrenzen niet te overschrijden, vond het een vreemde vraag, maar voelde een onverklaarbare drang om te helpen.

Ze vertrokken de volgende ochtend, toen de lucht grijs en zwaar was van de naderende regen. Maarten en Joris liepen samen door het bos, de bladeren knerpend onder hun voeten. Joris vertelde verhalen over verre landen en vreemde plaatsen, maar Maarten luisterde slechts half. Hij was meer gefocust op het pad voor hen, dat steeds moeilijker te volgen werd. De bomen waren dicht en de lucht werd steeds kouder.

Na een paar uur lopen kwamen ze aan bij een klein, vervallen huis diep in het bos. Het huis leek al jarenlang verlaten te zijn. De muren waren bedekt met klimop en de ramen waren gebroken. Joris vroeg Maarten om hem binnen te laten. Maarten aarzelde, maar opende uiteindelijk de deur.

Binnen was het donker en vochtig. De lucht rook naar schimmel en oude houtskool. Maarten zag een oud bed en een tafel die bedekt waren met stof en spinnenwebben. In een hoek zag hij een oude kist, die half verborgen was onder een dekbed. Joris ging rechtstreeks naar de kist en opende deze voorzichtig. Binnenin vond hij een paar oude boeken en brieven, maar niets dat er bijzonder uitzag.

Joris bladerde door de brieven en leek iets te vinden dat zijn aandacht trok. Zijn gezicht werd ernstig en zijn handen trilden lichtjes. Maarten voelde een vreemde spanning in de lucht en besloot om het huis te verkennen. Hij ging naar een andere kamer en vond een oude kaart op een bureau. De kaart was getekend met handgetekende lijnen en symbolen die Maarten niet begreep.

Terug in de hoofdruimte zag Maarten Joris diep in gedachten verzonken. "Wat is er?" vroeg Maarten voorzichtig. Joris keek op en zei: "Deze brieven zijn van mijn oude vriend. Hij is al jaren zoek en ik heb gedacht dat hij hier misschien verborgen zou zijn."

Maarten knikte en voelde een gevoel van medelijden voor de man. Het was duidelijk dat Joris veel voor zijn vriend betekende, maar Maarten voelde ook een onrust. Het verlaten huis, de kist, de oude kaart – alles leek een deel van een mysterie dat hij niet kon oplossen.

Na een tijdje besloot Maarten dat het tijd was om terug te keren naar Koudwater. Joris leek het huis niet te willen verlaten, maar Maarten drong aan. De lucht was inmiddels donker geworden en de regen begon zachtjes te vallen. Maarten en Joris liepen samen terug naar het dorp, de regen striemend tegen hun gezichten.

Bij het afscheid gaf Joris Maarten een kleine, verfrommelde foto van een jongeman. "Dit is mijn vriend," zei Joris. "Als je hem ooit tegenkomt, vertel hem dan dat ik naar hem op zoek ben."

Maarten nam de foto aan en beloofde het te doen. Toen Joris vertrok, voelde Maarten een mengeling van opluchting en nieuwsgierigheid. De ontmoeting met Joris en de ontdekking van het oude huis hadden hem van zijn gebruikelijke pad afgeleid en hem geconfronteerd met het onbekende.

De dagen gingen voorbij en Maarten keerde terug naar zijn routine. Het leven in Koudwater leek weer normaal, maar de foto en de oude kaart bleven in zijn gedachten hangen. Maarten bestudeerde de kaart, hoewel hij nog steeds niet begreep wat de symbolen betekenden. Het maakte hem nieuwsgierig naar wat er verder in het bos verborgen zou kunnen zijn.

Op een avond, toen de sterren weer helder aan de hemel stonden, besloot Maarten om een deel van het pad te verkennen dat hij eerder had gezien. Hij nam een zaklamp en wat gereedschap mee, en vertrok naar het bos. Het was een stille nacht, en het geluid van de regen die op de bladeren viel, was het enige dat de stilte brak.

Maarten volgde de kaart en kwam bij een oude boom met een holte in de stam. Hij herinnerde zich dat de kaart een symbool bij een boom had getekend. Met veel moeite trok Maarten een oude, verroeste sleutel uit de holte. De sleutel was zwaar en had een antieke uitstraling. Maarten nam de sleutel mee en vervolgde zijn zoektocht.

Het was niet gemakkelijk om het exacte doel van de sleutel te vinden, maar Maarten bleef zoeken. Uiteindelijk kwam hij terug bij het vervallen huis van Joris. Met de sleutel in de hand opende hij de kist die hij eerder had gezien. In de kist ontdekte hij een verborgen compartiment met een oude, met leer beklede boek. Het boek was gevuld met aantekeningen en tekeningen die de geschiedenis van het huis en zijn voormalige bewoner beschreven.

Maarten las door het boek en ontdekte dat het huis ooit van een mysterieuze alchemist was geweest, die op zoek was naar een mythische substantie die bekend stond als het "Elders Zilver." Het boek vertelde over experimenten en ontdekkingen, maar ook over een geheim dat de alchemist had willen verbergen. De alchemist had zijn leven gewijd aan het vinden van een manier om zijn bevindingen te verbergen voor de wereld.

Het boek eindigde met een beschrijving van een verborgen kamer in het huis, waar de alchemist zijn laatste experimenten had uitgevoerd. Maarten besloot om deze kamer te zoeken. Na veel zoeken vond hij de toegang tot de verborgen kamer, die zich onder de vloer van het huis bevond.

Binnen in de verborgen kamer vond Maarten een grote houten kist, versierd met ingewikkelde patronen en sloten. Met de sleutel opende Maarten de kist en vond een kleine hoeveelheid zilverachtige poeder en een oud manuscript. Het manuscript bevatte details over de aard van de substantie en de bedoelingen van de alchemist.

Maarten begreep niet helemaal wat de alchemist had beoogd, maar hij voelde dat hij een belangrijke ontdekking had gedaan. De substantie en het manuscript waren een getuigenis van de geheimen van het verleden en van de mensen die hun leven hadden gewijd aan het ontrafelen van de mysteries van de wereld.

Maarten besloot om het manuscript en de substantie veilig op te bergen en terug te keren naar Koudwater. Hij vertelde niemand over zijn ontdekking, omdat hij begreep dat sommige geheimen beter ongeopenbaard bleven. Het was een persoonlijke ontdekking die zijn leven had veranderd en hem herinnerde aan de mysteries die verborgen lagen in de wereld om hem heen.

De seizoenen veranderden en Maarten ging verder met zijn routine in Koudwater. Het leven keerde terug naar zijn rustige gang, maar Maarten droeg de herinneringen aan zijn avontuur met zich mee. De sterren boven Koudwater leken nu nog helderder, en Maarten begreep dat het onbekende niet alleen een deel van het verleden was, maar ook een deel van zijn eigen reis. Het had hem geleerd dat de zoektocht naar antwoorden soms leidt tot meer vragen, en dat de waarde van een avontuur ligt in de ervaring en de inzichten die het biedt.

Op een avond, toen de sterren weer helder aan de hemel stonden en Maarten naar de horizon keek, begreep hij dat de waarde van zijn ontdekking niet lag in de materiële dingen die hij had gevonden, maar in de reis die hij had gemaakt. De sterren leken nu een beetje meer op hun plaats, en Maarten voelde een diepere verbondenheid met de wereld om hem heen. Het onbekende pad had hem naar een dieper begrip van het leven geleid, en hij was dankbaar voor de ervaring die hij had opgedaan.

The Stars Above Coldwater

———

In the quiet village of Coldwater, nestled between dense forests and rolling hills, lived a man named Maarten. Maarten was a simple man, a handyman with hands that bore witness to many years of labor. His face bore the marks of time, but his eyes were bright and sharp. He lived alone in a small house on the edge of the village, with a garden full of wildflowers and an old wooden shed where he kept his tools.

Life in Coldwater proceeded in a tranquil rhythm. The seasons came and went without much disturbance. Maarten worked hard and took care of the basic needs of his existence. He was known in the village for his reliable work and his quiet demeanor. He spoke little, but his actions spoke volumes. The villagers had come to appreciate him, but he had no close friends. His life was a routine of rising, working, and sleeping.

One evening, when the sky was clear and the stars sparkled above Coldwater, Maarten returned from a hard day's work. He had repaired the wooden porch of the village house and was satisfied with his work. As he watched the last rays of the sun disappear, he took a moment to gaze at the stars. The sky was deep blue and the stars seemed closer than ever. Maarten had always loved the stars, though he knew little about their names or stories.

The next day, Maarten met a stranger in the village. The man was dressed in a worn raincoat and wore a large hat that partially obscured his face. He asked Maarten if he could help him with a task. The stranger had a deep wound on his arm and seemed lost. Maarten, though wary, agreed to help. It was not usual for him to take strangers into his home, but something in the man's eyes made him feel obliged to assist.

The stranger introduced himself as Joris and explained that he was looking for an old friend who lived in an abandoned house in the forest. Joris had been injured on his journey and asked Maarten if he would take him to his friend's house. Maarten, used to staying within the village limits, found it a strange request but felt an inexplicable urge to help.

They set out the next morning, when the sky was gray and heavy with impending rain. Maarten and Joris walked together through the forest, the leaves crunching under their feet. Joris told stories of distant lands and strange places, but Maarten listened only half-heartedly. He was more focused on the path ahead, which grew increasingly difficult to follow. The trees were dense and the air grew colder.

After a few hours of walking, they arrived at a small, dilapidated house deep in the forest. The house appeared to have been abandoned for years. The walls were covered with ivy and the windows were broken. Joris asked Maarten to let him inside. Maarten hesitated but eventually opened the door.

Inside, it was dark and damp. The air smelled of mildew and old charcoal. Maarten saw an old bed and a table covered with dust and cobwebs. In a corner, he noticed an old chest half-hidden under a blanket. Joris went straight to the chest and opened it carefully. Inside, he found a few old books and letters, but nothing that seemed particularly special.

Joris leafed through the letters and appeared to find something that caught his attention. His face grew serious and his hands trembled slightly. Maarten felt a strange tension in the air and decided to explore the house. He went to another room and found an old map on a desk. The map was drawn with hand-drawn lines and symbols that Maarten did not understand.

Returning to the main room, Maarten saw Joris lost in thought. "What is it?" Maarten asked cautiously. Joris looked up and said, "These letters are from my old friend. He has been missing for years, and I thought he might be hidden here."

Maarten nodded and felt a pang of sympathy for the man. It was clear that Joris cared deeply for his friend, but Maarten also felt uneasy. The abandoned house, the chest, the old map – everything seemed part of a mystery he could not solve.

After a while, Maarten decided it was time to return to Coldwater. Joris seemed reluctant to leave the house, but Maarten insisted. The sky had grown dark and the rain had begun to fall softly. Maarten and Joris walked back to the village, the rain beating against their faces.

At parting, Joris gave Maarten a small, crumpled photograph of a young man. "This is my friend," Joris said. "If you ever see him, tell him that I am looking for him."

Maarten took the photograph and promised to do so. As Joris left, Maarten felt a mixture of relief and curiosity. The encounter with Joris and the discovery of the old house had diverted him from his usual path and confronted him with the unknown.

Days went by and Maarten returned to his routine. Life in Coldwater seemed to return to normal, but the photograph and the old map lingered in his thoughts. Maarten studied the map, though he still did not understand what the symbols meant. It made him curious about what else might be hidden in the forest.

One evening, when the stars were once again bright in the sky, Maarten decided to explore part of the path he had seen before. He took a flashlight and some tools and set out for the forest. It was a quiet night, and the sound of rain falling on the leaves was the only thing breaking the silence.

Maarten followed the map and arrived at an old tree with a hollow in the trunk. He remembered that the map had a symbol by a tree. With much effort, Maarten retrieved an old, rusted key from the hollow. The key was heavy and had an antique look. Maarten took the key and continued his search.

It wasn't easy to find the exact purpose of the key, but Maarten kept searching. Eventually, he returned to Joris's abandoned house. With the key in hand, he opened the chest he had seen earlier. Inside the chest, he discovered a hidden compartment with an old, leather-bound book. The book was filled with notes and drawings detailing the history of the house and its former occupant.

Maarten read through the book and discovered that the house had once belonged to a mysterious alchemist who was searching for a mythical substance known as "Elders Silver." The book described experiments and discoveries but also a secret that the alchemist had intended to hide. The alchemist had dedicated his life to finding a way to conceal his findings from the world.

The book ended with a description of a hidden room in the house where the alchemist had conducted his final experiments. Maarten decided to search for this room. After much searching, he found the entrance to the hidden room, which was located beneath the floor of the house.

Inside the hidden room, Maarten found a large wooden chest adorned with intricate patterns and locks. With the key, Maarten opened the chest and discovered a small amount of silver-like powder and an old manuscript. The manuscript detailed the nature of the substance and the alchemist's intentions.

Maarten did not fully understand the alchemist's goals, but he felt that he had made an important discovery. The substance and the manuscript were a testament to the secrets of the past and to those who had devoted their lives to unraveling the mysteries of the world.

Maarten decided to store the manuscript and the substance safely and return to Coldwater. He told no one about his discovery, understanding that some secrets were better left undisclosed. It was a personal discovery that had changed his life and reminded him of the mysteries hidden in the world around him.

The seasons changed and Maarten continued with his routine in Coldwater. Life returned to its peaceful course, but Maarten carried the memories of his adventure with him. The stars above Coldwater now seemed even brighter, and Maarten understood that the unknown was not just a part of the past but also a part of his own journey. It had taught him that the quest for answers sometimes leads to more questions, and that the value of an adventure lies in the experience and insights it provides.

One evening, when the stars were once again bright in the sky and Maarten looked out at the horizon, he realized that the value of his discovery lay not in the material things he had found but in the journey he had undertaken. The stars seemed to fit a little better in their place, and Maarten felt a deeper connection to the world around him. The unknown path had led him to a deeper understanding of life, and he was grateful for the experience he had gained.

Het Laatste Licht van Wijkerheide

In de uithoeken van Wijkerheide, een afgelegen dorp aan de rand van een dichte bossen, woonde Anton. Anton was een oude man met een grijs, verweerd gezicht en een paar scherpe ogen die al het verleden van zijn leven weerspiegelden. Hij leefde in een stenen huis met een lage schuur achter het huis, waar hij zijn gereedschap en oude vismateriaal bewaarde. Anton had zijn hele leven in Wijkerheide gewoond en kende de bossen en velden als geen ander.

De dagen in Wijkerheide waren rustig en monotonisch. De mensen werkten hard in hun tuinen, verzorgden hun vee en praatten met elkaar over de kleine dingen van het leven. Anton was een man van weinig woorden, en hoewel hij vriendelijk was, had hij weinig vrienden. Zijn dagen werden gevuld met het onderhouden van zijn huis en het vissen in de nabijgelegen rivier.

Op een dag, toen de herfst de bossen bedekte met een gouden tapijt van bladeren, besloot Anton om een nieuwe route langs de rivier te verkennen. Het was een van die dagen waarop de lucht helder was en de zon laag aan de horizon stond. Anton nam zijn hengel en vertrok naar een deel van de rivier dat hij niet vaak bezocht.

De rivier kronkelde door het landschap en de bomen stonden in een vuurzee van herfstkleuren. Anton vond een rustige plek aan de oever en zette zijn hengel uit. Terwijl hij wachtte op een beet, liet hij zijn gedachten afdwalen. De natuur om hem heen was prachtig en kalmerend, en het was een van die zeldzame momenten waarop Anton zich werkelijk tevreden voelde.

Terwijl de avond viel en het laatste licht van de dag over het water scheen, zag Anton een figuur op de andere oever. De figuur leek een jonge vrouw te zijn, gekleed in een lange jurk die wapperde in de wind. Ze stond stil en keek naar de rivier, als in een trance. Anton vond het vreemd, maar het was niet ongewoon om mensen te zien langs de rivier. Hij besloot niets te zeggen en concentreerde zich op zijn visserij.

De volgende dag was het weer somber en regenachtig. Anton was aan het werk in zijn tuin toen hij de jonge vrouw opnieuw zag, deze keer dichterbij. Ze stond aan de rand van zijn erf en keek naar hem met een blik die Anton niet kon plaatsen. De vrouw had een zachte uitstraling, maar er was iets melancholieks aan haar aanwezigheid.

"Wat kan ik voor je doen?" vroeg Anton, terwijl hij zijn handen afveegde aan een oude doek.

De vrouw glimlachte vaag en zei: "Mijn naam is Elise. Ik ben op zoek naar iemand die hier vroeger heeft gewoond. Mijn grootvader, die zijn hele leven in dit gebied heeft gewoond, vertelde verhalen over deze plaats."

Anton knikte en keek haar aan met een mengeling van nieuwsgierigheid en wantrouwen. "Wat is er met je grootvader gebeurd?" vroeg hij.

Elise vertelde hem dat haar grootvader, een visser en jager, altijd had gesproken over een oude schuilplaats in de bossen. Volgens de verhalen had de schuilplaats iets te maken met een mysterieuze gebeurtenis die jaren geleden had plaatsgevonden. Elise wilde de waarheid achter de verhalen van haar grootvader ontdekken en had besloten om naar Wijkerheide te komen om meer te leren.

Anton was sceptisch, maar de oprechtheid in Elise's ogen maakte hem nieuwsgierig. Hij besloot haar te helpen, hoewel hij het gevoel had dat er iets ongewoons aan de hand was. Ze spraken af om de volgende dag samen het bos in te trekken en te zoeken naar de oude schuilplaats.

De volgende ochtend, toen de lucht zwaar was van de regen die de nacht had doorgebracht, vertrokken Anton en Elise het bos in. Het pad was modderig en glad, en de bomen leken elkaar te omarmen in een dichte schuilplek voor de regen. Ze liepen stilletjes, met af en toe een korte opmerking van Anton over de omgeving.

Na een paar uur lopen bereikten ze een oude, vervallen boerderij in het bos. De boerderij was overwoekerd met klimop en de muren waren bedekt met mos. Het leek een plaats te zijn die al jarenlang vergeten was. Elise keek opgetogen naar de boerderij en zei: "Dit is het. Mijn grootvader sprak altijd over deze plek."

Anton bekeek de boerderij met een kritische blik. "Het ziet eruit alsof hier niemand meer woont," zei hij.

Elise knikte. "Dat klopt. Mijn grootvader vertelde verhalen over een geheim dat hier verborgen was. Hij noemde het 'Het Laatste Licht.'"

Ze gingen de boerderij binnen en Anton merkte op dat het interieur verwaarloosd was, met stoffige meubels en oude, roestige gereedschappen. Elise begon meteen te zoeken, haar handen bewogen snel terwijl ze oude planken omdraaide en in hoeken zocht.

Uren gingen voorbij zonder veel resultaat. Anton begon zich af te vragen of de verhalen van Elise's grootvader wel waar waren. Maar toen, in een hoek van de woonkamer, vond Elise iets ongewoons. Ze ontdekte een oude, verborgen lade onder een stuk vloerbedekking. De lade was zwaar en moeilijk te openen, maar uiteindelijk kreeg ze het open.

Binnenin de lade vonden ze een oude houten kist, bedekt met ingewikkelde patronen. Elise opende de kist en ontdekte een verzameling van documenten en een paar oude brieven. Terwijl ze de documenten doorbladerde, ontdekte ze dat ze afkomstig waren van een oude vriend van haar grootvader, een man genaamd Hendrik.

Hendrik had lange tijd in de regio gewoond en had vele jaren van zijn leven gewijd aan het bestuderen van de natuur en het onderzoeken van lokale legendes. Zijn brieven bevatten gedetailleerde beschrijvingen van vreemde verschijnselen die hij had waargenomen, evenals enkele schetsen van mysterieuze symbolen.

Elise en Anton bestudeerden de documenten en ontdekten dat Hendrik op zoek was naar een bijzonder fenomeen dat hij "Het Laatste Licht" noemde. Volgens Hendrik was het Laatste Licht een zeldzame gebeurtenis die slechts eens in de paar jaar plaatsvond, waarbij een bijzonder licht door het bos scheen en verborgen geheimen onthulde. Hendrik had geprobeerd het fenomeen vast te leggen, maar was nooit succesvol geweest.

Elise en Anton besloten om verder te zoeken naar aanwijzingen over Het Laatste Licht. Ze bekeken de schetsen en documenten in de hoop een spoor te vinden. Na verloop van tijd ontdekten ze een oude kaart met een route die Hendrik had getekend. De kaart leidde hen naar een specifieke plek in het bos, die gemarkeerd was met een vreemd symbool.

Ze volgden de route op de kaart en kwamen uit bij een open plek in het bos, omgeven door hoge bomen en verlichte bladeren. Het was een vreemde en betoverende plek, en Anton voelde een rilling over zijn rug lopen. Elise keek opgewonden om zich heen, als zoekend naar iets dat ze niet kon zien.

De lucht begon te vervagen en de schemering viel. Terwijl de avondschemering over het bos trok, zagen ze een vreemde gloed in de lucht. Het licht leek te dansen tussen de bomen en creëerde een surrealistisch schouwspel van kleuren en vormen. Elise keek verbaasd en zei: "Dit moet Het Laatste Licht zijn waar mijn grootvader over sprak."

Anton keek met een mengeling van verwondering en scepsis. "Ik had nooit gedacht dat het echt zou zijn," zei hij. "Maar er is iets magisch aan dit licht."

Ze stonden stil en keken naar het licht dat door de bomen scheen. De kleuren en patronen veranderden voortdurend, alsof het licht zelf een levend wezen was. Het was een moment van stilte en verwondering, en beide mensen voelden een diepe verbinding met de natuur om hen heen.

Toen het licht begon te vervagen en de nacht zich over het bos verspreidde, voelde Anton een gevoel van voltooiing. Hij had nooit gedacht dat er iets buitengewonlijks in de bossen van Wijkerheide verborgen zou zijn, maar het was duidelijk dat er een geheim was dat de moeite waard was om te ontdekken. Elise was opgelucht en blij dat ze het mysterie van haar grootvader had kunnen ontrafelen.

Ze keerden terug naar het dorp, en hoewel de ontdekking hen diep had geraakt, beseften ze dat het geheim van Het Laatste Licht niet alleen een fysieke ontdekking was, maar ook een persoonlijke ervaring die hen had veranderd. Anton en Elise spraken over hun avontuur, en Anton vertelde verhalen over de magische momenten die hij had beleefd.

De seizoenen veranderden, en Anton keerde terug naar zijn routine in Wijkerheide. Het leven ging verder, maar de herinnering aan Het Laatste Licht bleef bij hem. Het herinnerde hem eraan dat zelfs in de meest gewone plekken geheimen kunnen liggen die wachten om ontdekt te worden.

Elise bleef in contact met Anton en bezocht hem regelmatig. Ze praatten over hun ervaringen en de verhalen van haar grootvader. Anton vond een nieuwe waardering voor het onbekende en de mysteries die het leven met zich meebracht. Het avontuur met Elise had hem een nieuwe kijk op de wereld gegeven en hem herinnerd aan de schoonheid van het onbekende.

Op een avond, terwijl de sterren weer helder aan de hemel stonden en het laatste

licht van de zon over Wijkerheide scheen, zat Anton buiten en dacht aan de dag dat hij Het Laatste Licht had gezien. Het was een herinnering die hem troostte en hem eraan herinnerde dat er altijd iets moois te ontdekken valt, zelfs in de meest onverwachte hoeken van de wereld.

The Last Light of Wijkerheide

———

In the remote village of Wijkerheide, nestled at the edge of a dense forest, lived Anton. Anton was an old man with a weathered, gray face and sharp eyes that reflected the history of his life. He lived in a stone house with a low shed behind it, where he kept his tools and old fishing gear. Anton had spent his entire life in Wijkerheide and knew the woods and fields like no one else.

Days in Wijkerheide passed in a quiet, monotonous rhythm. People worked hard in their gardens, tended their livestock, and talked about the small things in life. Anton was a man of few words, and although he was friendly, he had few friends. His days were filled with maintaining his house and fishing in the nearby river.

One day, when autumn had covered the forests with a golden carpet of leaves, Anton decided to explore a new route along the river. It was one of those days when the sky was clear and the sun was low on the horizon. Anton took his fishing rod and set off to a part of the river he did not visit often.

The river meandered through the landscape, and the trees were in a blaze of autumn colors. Anton found a quiet spot by the bank and cast his line. As he waited for a bite, he let his thoughts wander. The nature around him was beautiful and soothing, and it was one of those rare moments when Anton felt truly content.

As evening fell and the last light of the day shimmered on the water, Anton saw a figure on the opposite bank. The figure seemed to be a young woman, dressed in a long dress that fluttered in the wind. She stood still and gazed at the river as if in a trance. Anton found it strange but not unusual to see people along the river. He decided not to say anything and focused on his fishing.

The next day, the weather was gloomy and rainy. Anton was working in his garden when he saw the young woman again, this time closer. She was standing at the edge of his property, looking at him with an expression Anton could not place. The woman had a gentle demeanor, but there was something melancholic about her presence.

"What can I do for you?" Anton asked, wiping his hands on an old rag.

The woman smiled faintly and said, "My name is Elise. I am looking for someone who used to live here. My grandfather, who spent his entire life in this area, told stories about this place."

Anton nodded and looked at her with a mix of curiosity and suspicion. "What happened to your grandfather?" he asked.

Elise told him that her grandfather, a fisherman and hunter, had always spoken of an old hiding place in the forest. According to the stories, the hiding place was connected to a mysterious event that had happened years ago. Elise wanted to uncover the truth behind her grandfather's stories and had come to Wijkerheide to learn more.

Anton was skeptical, but the sincerity in Elise's eyes made him curious. He agreed to help her, although he had a feeling there was something unusual going on. They agreed to explore the forest together the next day to search for the old hiding place.

The next morning, with the sky heavy from the rain that had fallen during the night, Anton and Elise set off into the forest. The path was muddy and slippery, and the trees seemed to embrace each other in a dense shelter from the rain. They walked in silence, with occasional brief comments from Anton about the surroundings.

After a few hours of walking, they arrived at an old, dilapidated farmhouse in the woods. The farmhouse was overgrown with ivy and the walls were covered in moss. It looked like a place that had been forgotten for many years. Elise looked excitedly at the farmhouse and said, "This is it. My grandfather always spoke about this place."

Anton examined the farmhouse with a critical eye. "It looks like no one has lived here for a long time," he said.

Elise nodded. "That's right. My grandfather always spoke of a secret hidden here. He called it 'The Last Light.'"

They entered the farmhouse and Anton noticed that the interior was neglected, with dusty furniture and old, rusty tools. Elise immediately began to search, her hands moving quickly as she turned old planks and looked in corners.

Hours went by with little result. Anton began to wonder if Elise's grandfather's stories were true. But then, in a corner of the living room, Elise discovered something unusual. She found an old, hidden drawer under a piece of floor covering. The drawer was heavy and difficult to open, but eventually, she managed to get it open.

Inside the drawer was an old wooden chest adorned with intricate patterns. Elise opened the chest and found a collection of documents and a few old letters. As she sifted through the documents, she discovered they were from an old friend of her grandfather's, a man named Hendrik.

Hendrik had lived in the region for a long time and had dedicated many years of his life to studying nature and investigating local legends. His letters contained detailed descriptions of strange phenomena he had observed, as well as sketches of mysterious symbols.

Elise and Anton studied the documents and discovered that Hendrik was searching for a rare phenomenon he called "The Last Light."

According to Hendrik, The Last Light was a rare occurrence that happened only once every few years, where a special light shone through the forest and revealed hidden secrets. Hendrik had tried to capture the phenomenon but had never been successful.

Elise and Anton decided to continue searching for clues about The Last Light. They examined the sketches and documents hoping to find a lead. Eventually, they discovered an old map with a route Hendrik had drawn. The map led them to a specific spot in the forest marked with a strange symbol.

They followed the route on the map and arrived at a clearing in the woods, surrounded by tall trees and glowing leaves. It was a strange and enchanting place, and Anton felt a shiver down his spine. Elise looked around with excitement, as if searching for something she could not see.

The sky began to darken and twilight fell over the forest. As the evening twilight spread through the woods, they saw a strange glow in the air. The light seemed to dance between the trees, creating a surreal display of colors and shapes. Elise looked amazed and said, "This must be The Last Light my grandfather spoke about."

Anton looked on with a mix of wonder and skepticism. "I never thought it would be real," he said. "But there's something magical about this light."

They stood still, watching the light that shone through the trees. The colors and patterns changed constantly, as if the light itself were a living being. It was a moment of silence and awe, and both felt a deep connection with the nature around them.

As the light began to fade and night spread through the forest, Anton felt a sense of completion. He had never imagined that something extraordinary was hidden in the woods of Wijkerheide, but it was clear that there was a secret worth discovering. Elise was relieved and happy to have unraveled the mystery of her grandfather.

They returned to the village, and although the discovery had deeply affected them, they realized that the secret of The Last Light was not just a physical discovery but also a personal experience that had changed them. Anton and Elise talked about their adventure, and Anton shared stories about the magical moments he had experienced.

The seasons changed, and Anton resumed his routine in Wijkerheide. Life went on, but the memory of The Last Light stayed with him. It reminded him that even in the most ordinary places, secrets await discovery.

Elise stayed in touch with Anton and visited him regularly. They talked about their experiences and her grandfather's stories. Anton gained a new appreciation for the unknown and the mysteries that life brought. The adventure with Elise had given him a new perspective on the world and reminded him of the beauty of the unknown.

One evening, as the stars once again shone brightly in the sky and the last light of the sun spread over Wijkerheide, Anton sat outside and thought about the day he had seen The Last Light. It was a memory that comforted him and reminded him that there is always something beautiful to discover, even in the most unexpected corners of the world.

Het Zwijgen van de Zee

In een afgelegen havenplaats aan de ruige kust van Zeeland woonde Willem, een oude visser met een hard leven achter de rug. Willem had de zee als zijn metgezel gekend sinds zijn jeugd. Zijn handen waren grof van het werk, zijn huid gebruind door de zon en zout. Het leven in de haven was eenvoudig en zwaar, maar Willem had zijn ritme gevonden in het ritme van de golven.

Elke ochtend voordat de zon opkwam, vertrok Willem met zijn kleine vissersboot, die hij "De Vergeten Zee" had genoemd. De boot was oud en versleten, maar betrouwbaar. Hij kende elke scheur en iedere plek die een beetje lekkage vertoonde. Willem had geen familie meer, alleen de zee en de herinneringen aan zijn vrouw, die jaren geleden was overleden.

Op een dag, toen de herfststormen het zeewater opjaagden en de lucht zwaar was van de naderende regen, voer Willem uit voor een routinevangst. De lucht was donker en dreigend, maar Willem was gewend aan zulke omstandigheden. De zee had altijd haar eigen regels, en hij had geleerd om de tekens te lezen die ze hem gaf.

De golven waren wild en de wind blies scherp over het water. Willem ving een paar vissen, maar het was moeilijk om de netten in het onstuimige water te hanteren. Terwijl hij zijn netten opborg, zag hij iets vreemds op de zeebodem glinsteren. Het was een glimp van iets dat leek op een oud, roestig object. Willem kon zijn nieuwsgierigheid niet bedwingen en besloot om het op te halen.

Met veel moeite slaagde hij erin om het object naar de oppervlakte te brengen. Het was een oude, verroeste kist, versierd met ingewikkelde patronen die door de tijd waren vervaagd. Willem opende de kist voorzichtig en vond binnenin een verzameling oude documenten en een paar vergulde voorwerpen. Er was ook een met de hand getekende kaart die de kustlijn en enkele onbekende symbolen aangaf.

Willem was gefascineerd door de vondst. De documenten waren in een verouderd handschrift geschreven en spraken over een verloren scheepslading die ooit was verdwenen tijdens een storm. Volgens de teksten was de lading bijzonder waardevol en ging het om artefacten van grote historische betekenis. Willem was nieuwsgierig naar het geheim van de kist en besloot de kaart te bestuderen.

Op de kaart zag hij een locatie gemarkeerd met een kruis. Het leek een plek aan de kust te zijn, niet ver van waar hij zich bevond. Willem besloot de kaart te volgen en te zien of hij meer over het geheim kon ontdekken. Hij voelde een oude vlam van avontuur opkomen, iets dat hij jaren niet had gevoeld.

De volgende ochtend, met de storm achter zich en de lucht weer opgeklaard, vertrok Willem met zijn boot naar de gemarkeerde locatie op de kaart. De kustlijn was rotsachtig en moeilijk toegankelijk. Willem maakte gebruik van zijn ervaring om zijn boot veilig aan te leggen en begon te zoeken naar de plek die op de kaart stond aangeduid.

Na uren van zoeken vond Willem een verborgen ingang in de rotsen, gedeeltelijk bedekt met zeewier en losse stenen. Hij kruipte door de ingang en ontdekte een oude grot die diep in de rots was uitgehakt. In de grot vond hij een houten kist die veel groter was dan de kist die hij eerder had gevonden.

Met veel moeite opende Willem de kist en vond een rijke verzameling van gouden en zilveren voorwerpen, evenals een stapel oude brieven. De brieven waren van een kapitein die zijn laatste dagen op het schip had doorgebracht en beschreef de reis die zijn schip had gemaakt en de lading die hij droeg. De brieven spraken over een legendarisch artefact, een amulet dat de kracht had om de zee te beheersen.

Willem las de brieven met toenemende opwinding. Het amulet zou volgens de teksten ergens in de grot verborgen zijn, en het leek een diep geheim te bevatten dat alleen voorbestemd was om ontdekt te worden door iemand die echt de zee begreep. Willem besloot verder te zoeken en de grot grondig te doorzoeken.

Na uren van zoeken vond Willem uiteindelijk het amulet, verborgen onder een stapel oude rottende dekens. Het was een prachtig stuk, met ingewikkelde inscripties en een glanzende, groene steen in het midden. Willem voelde een diepere verbinding met het amulet, alsof het iets uit het verleden met zich meebracht dat zijn eigen leven beïnvloedde.

Toen Willem de grot verliet, met het amulet veilig opgeborgen in zijn tas, voelde hij een mengeling van vreugde en bezorgdheid. Het amulet leek een belangrijke ontdekking te zijn, maar Willem was niet zeker van de implicaties ervan. Hij besloot het geheim van de vondst voor zichzelf te houden en terug te keren naar zijn leven in de haven.

De volgende dagen bracht Willem zijn tijd door met het bestuderen van het amulet en de documenten die hij had gevonden. Hij ontdekte dat het amulet inderdaad een belangrijke rol had gespeeld in de geschiedenis van de zee en dat het mogelijk was dat het de kracht bezat die in de brieven werd beschreven. Het idee dat hij een deel van deze geschiedenis in handen had, vulde hem met een vreemd gevoel van trots.

Op een avond, terwijl Willem op het strand stond en naar de sterren keek, voelde hij een nieuwe waardering voor de zee. De zee had hem altijd zijn levensonderhoud gegeven, maar nu voelde hij een diepere verbinding met haar geheimen. Het amulet en de geschiedenis ervan hadden hem herinnerd aan de mysteries die de zee verborgen hield.

Willem besloot het amulet op een veilige plaats te bewaren en zijn ontdekking een persoonlijke zaak te laten. De zee bleef zijn leven en zijn werk, maar hij had nu een nieuw respect voor haar en de geheimen die ze met zich meebracht. Het leven ging verder in de haven, en Willem leefde zijn dagen in vrede met de herinnering aan de avontuur die hij had meegemaakt.

De stormen kwamen en gingen, de seizoenen veranderden, en Willem bleef zijn routine volgen. Het amulet bleef verborgen, maar de impact van de ontdekking bleef bij hem. Het herinnerde hem eraan dat er altijd iets verborgen en kostbaars kon zijn in de meest onbenullige hoeken van het leven. Het zwijgen van de zee had hem iets geleerd over de schoonheid van het onbekende en de kracht van avontuur.

The Silence of the Sea

In a remote harbor town on the rugged Zeeland coast lived Willem, an old fisherman with a hard life behind him. Willem had known the sea as his companion since his youth. His hands were rough from work, his skin tanned by the sun and salt. Life in the harbor was simple and tough, but Willem had found his rhythm in the rhythm of the waves.

Every morning before sunrise, Willem set out in his small fishing boat, which he had named "The Forgotten Sea." The boat was old and worn, but reliable. He knew every crack and every spot that showed a bit of leakage. Willem had no family left, only the sea and the memories of his wife, who had passed away years ago.

One day, as autumn storms whipped up the sea and the air was heavy with impending rain, Willem set out for a routine catch. The sky was dark and threatening, but Willem was accustomed to such conditions. The sea had always had its own rules, and he had learned to read the signs it gave him.

The waves were wild and the wind blew sharply across the water. Willem caught a few fish, but it was difficult to handle the nets in the turbulent water. As he was stowing his nets, he noticed something strange shimmering on the seabed. It was a glimpse of something that looked like an old, rusty object. Willem could not suppress his curiosity and decided to retrieve it.

With much effort, he managed to bring the object to the surface. It was an old, rusty chest adorned with intricate patterns that had faded over time. Willem carefully opened the chest and found inside a collection of old documents and a few gilded objects. There was also a hand-drawn map indicating the coastline and some unknown symbols.

Willem was fascinated by the find. The documents were written in an old hand and spoke of a lost cargo that had vanished during a storm. According to the texts, the cargo was particularly valuable and consisted of artifacts of great historical significance. Willem was curious about the chest's secret and decided to study the map.

On the map, he saw a location marked with a cross. It appeared to be a spot on the coast, not far from where he was. Willem decided to follow the map and see if he could uncover more about the secret. He felt an old spark of adventure ignite, something he hadn't felt in years.

The next morning, with the storm behind him and the sky cleared, Willem set out with his boat to the marked location on the map. The coastline was rocky and difficult to access. Willem used his experience to safely land his boat and began searching for the spot indicated on the map.

After hours of searching, Willem found a hidden entrance in the rocks, partially covered with seaweed and loose stones. He crawled through the entrance and discovered an old cave carved deep into the rock. Inside the cave, he found a wooden chest much larger than the one he had previously discovered.

With great effort, Willem opened the chest and found a rich collection of gold and silver objects, as well as a stack of old letters. The letters were from a captain who had spent his last days on the ship and described the voyage his ship had taken and the cargo it carried. The letters spoke of a legendary artifact, an amulet that had the power to control the sea.

Willem read the letters with increasing excitement. The amulet, according to the texts, was hidden somewhere in the cave, and it seemed to contain a deep secret meant only for someone who truly understood the sea. Willem decided to continue searching and thoroughly explore the cave.

After hours of searching, Willem finally found the amulet, hidden under a pile of old rotting blankets. It was a beautiful piece, with intricate inscriptions and a shining green stone in the center. Willem felt a deeper connection to the amulet, as if it brought with it something from the past that affected his own life.

When Willem left the cave, with the amulet safely stored in his bag, he felt a mix of joy and concern. The amulet seemed to be an important discovery, but Willem was unsure of its implications. He decided to keep the secret of the find to himself and return to his life in the harbor.

The following days, Willem spent his time studying the amulet and the documents he had found. He discovered that the amulet had indeed played an important role in the history of the sea and that it might have the power described in the letters. The idea that he held a part of this history filled him with a strange sense of pride.

One evening, while Willem stood on the beach and looked at the stars, he felt a new appreciation for the sea. The sea had always provided for him, but now he felt a deeper connection to its secrets. The amulet and its history had reminded him of the mysteries that the sea held.

Willem decided to keep the amulet in a safe place and let his discovery remain a personal matter. The sea continued to be his life and his work, but he now had a new respect for it and the secrets it brought. Life continued in the harbor, and Willem lived his days in peace with the memory of the adventure he had experienced.

The storms came and went, the seasons changed, and Willem continued his routine. The amulet remained hidden, but the impact of the discovery stayed with him. It reminded him that there was always something hidden and precious in the most trivial corners of life. The silence of the sea had taught him about the beauty of the unknown and the power of adventure.

www.ingramcontent.com/pod-product-compliance
Lightning Source LLC
Chambersburg PA
CBHW061406140726
47997CB00003B/1387